MANDALAS MAYAS

MANDALAS MAYAS

Ilustraciones
María de Lourdes Guzmán Muñoz

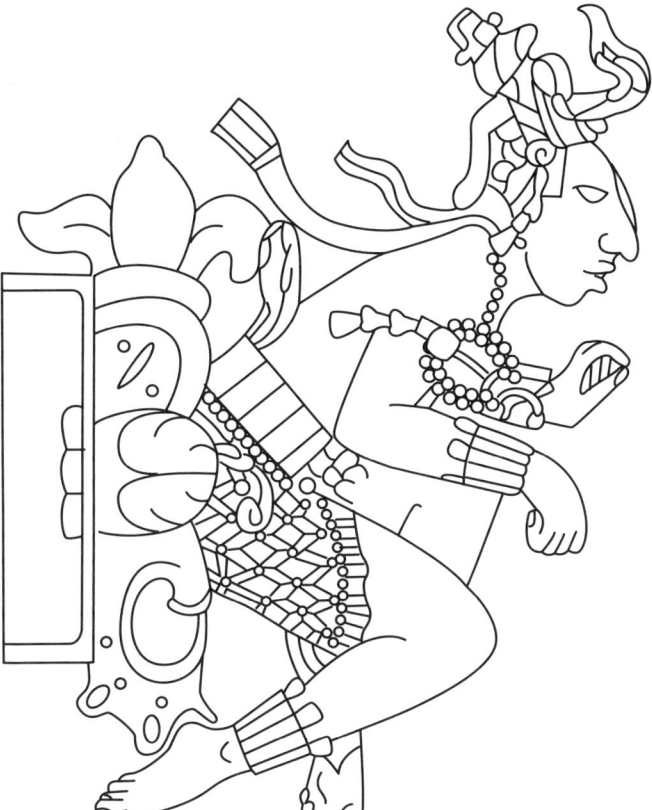

LAROUSSE

DIOSES

Los dioses crearon todo cuanto existe.

Animales, plantas, minerales, tierra y sol,

agua y viento, fuego y almas.

Somos lo que los dioses nos hicieron.

Maíz y sangre.

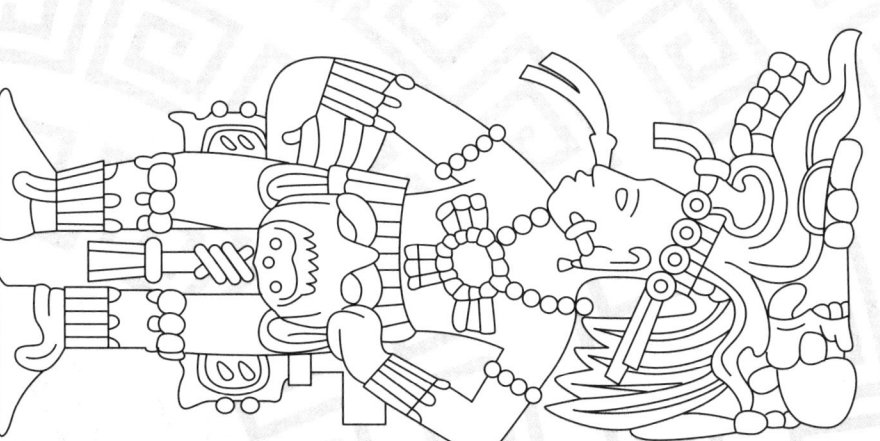

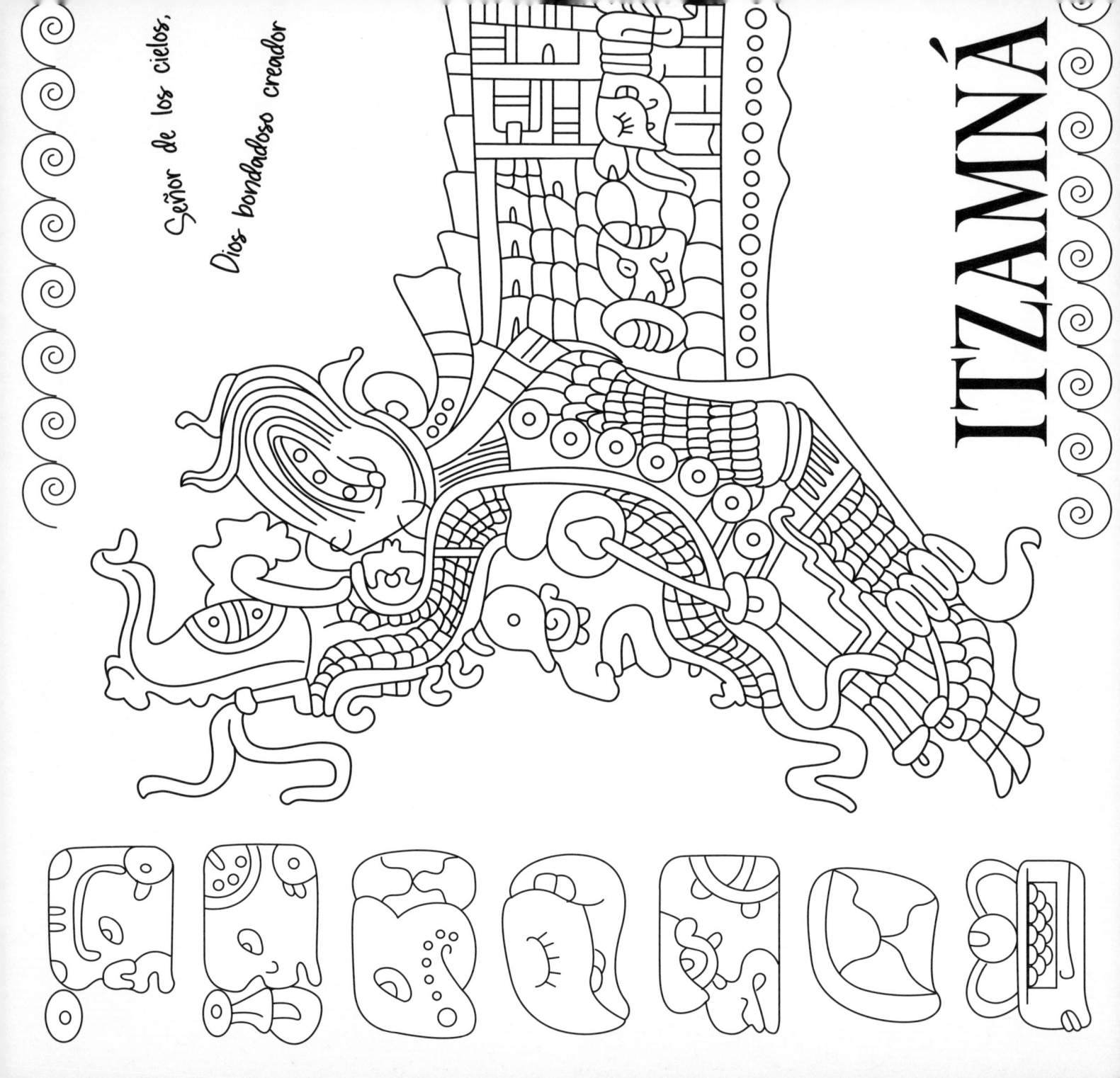

ITZAMNÁ

Señor de los cielos,
Dios bondadoso creador

del día y la noche.

de hombres y de buenas intenciones.

Sus grandes orejas le permiten escuchar todo.

Su rostro corroído y sus mandíbulas lisas representan la vejez que necesitan los sabios.

Ente antropomorfo nacido de un lirio acuático o un caracol.

Cargador del cosmos, tortuga que sostiene al mundo.

PAWAHTÚN

Uno y cuatro a la vez, puntos cardinales que dan fuerza y protegen.

Cuando hay caos sus manos resguardan a los astros.

rompe las nubes y deja correr las aguas desde el cielo. Dios de la lluvia, el relámpago y el trueno. Con su hacha

CHAAC

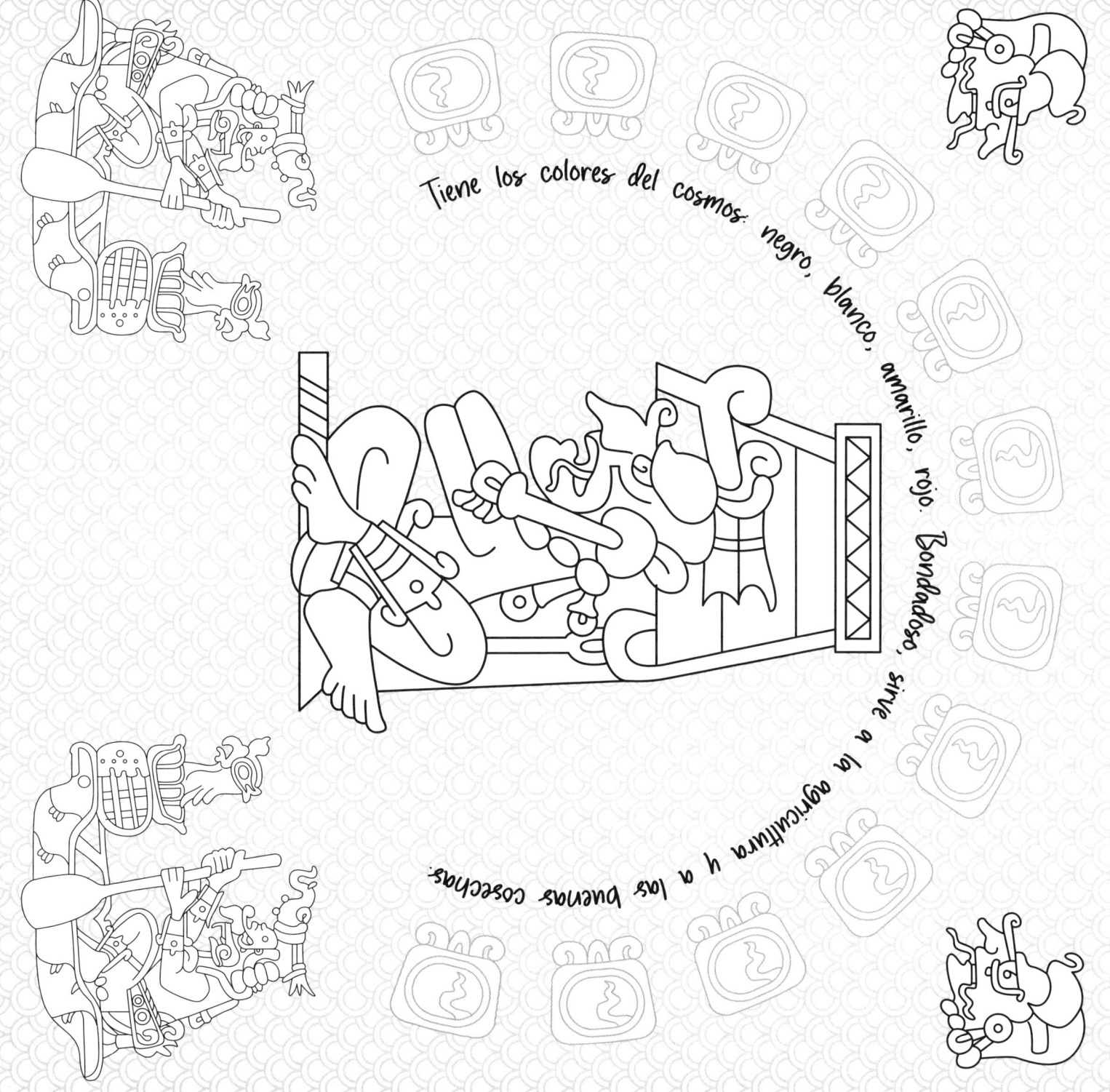

Tiene los colores del cosmos: negro, blanco, amarillo, rojo. Bondadoso, sirve a la agricultura y a las buenas cosechas.

IXCHEL

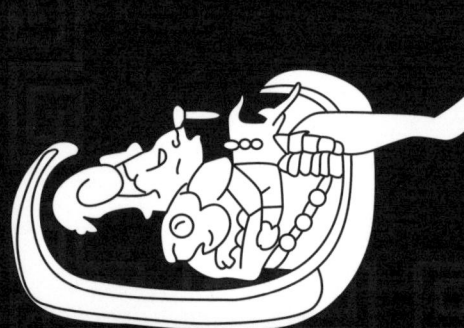

Diosa ambivalente, hacedora del bien y del mal. Representa la luna y la maternidad. Las catástrofes y las inundaciones.

Su tocado de serpientes contrasta con la vasija llena de agua que vierte sobre las mujeres que protege y la vida que fecunda. Tiene la capacidad de curar o destruir.

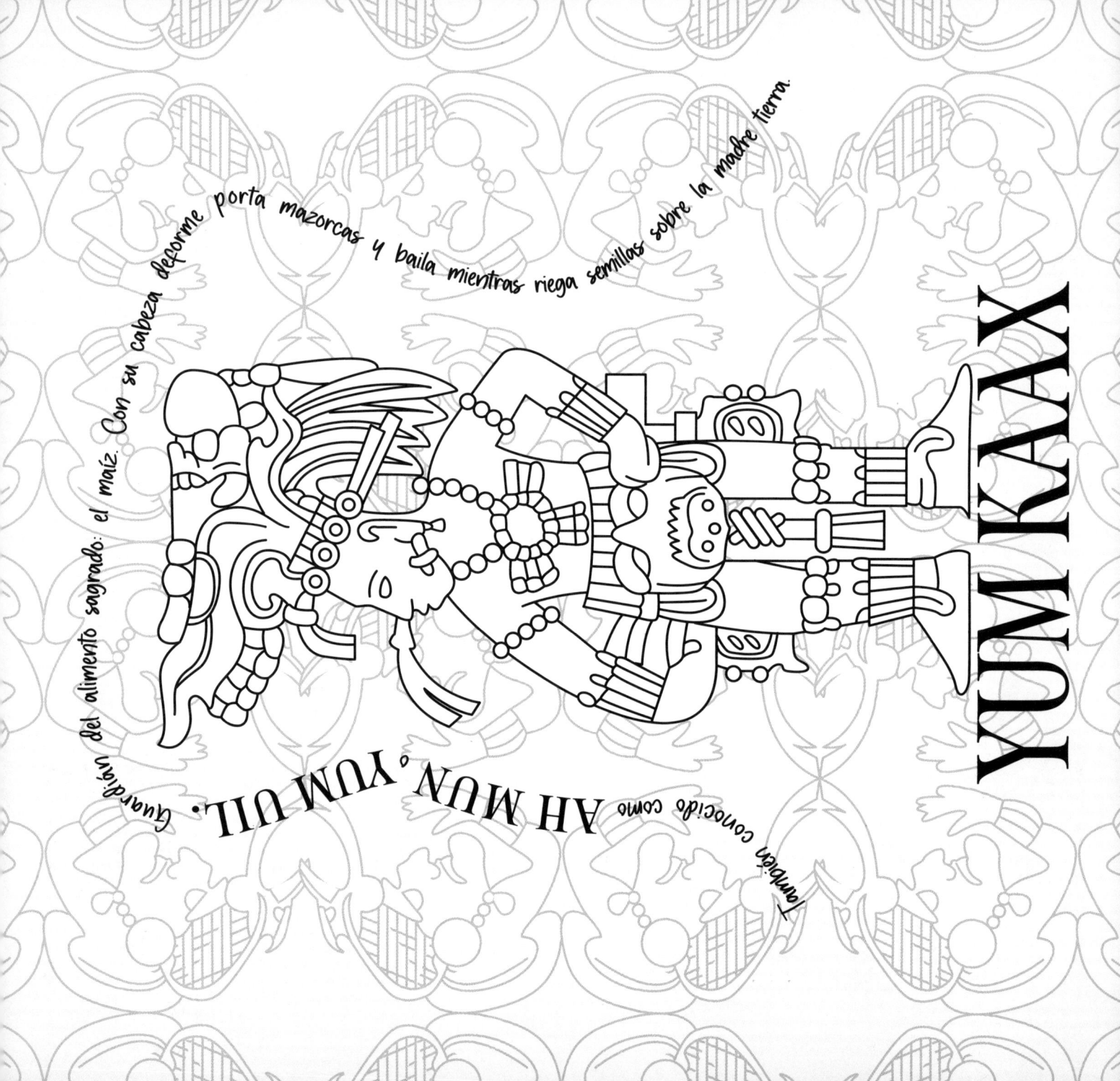

Con su cabeza deforme porta mazorcas y baila mientras riega semillas sobre la madre tierra.

Guardián del alimento sagrado: el maíz.

AH MUN, YUM UIL.

También conocido como

YUM KAAX

El hombre, su aliado, atrae la lluvia sobre las plantas y las libra de las malas hierbas y las plagas.

Serpiente emplumada, sombra que al caer el sol dibuja su andar sobre las piedras de **CHICHÉN ITZÁ.**

KUKULCÁN

Su descenso a la tierra fertiliza el suelo para las próximas cosechas. Dios de cielo de nubes serpenteantes.

YUM KIMIL, KIMI, VUCUB KAME.

También llamado

Dios de la muerte, señor de Xibalbá.

AH PUCH

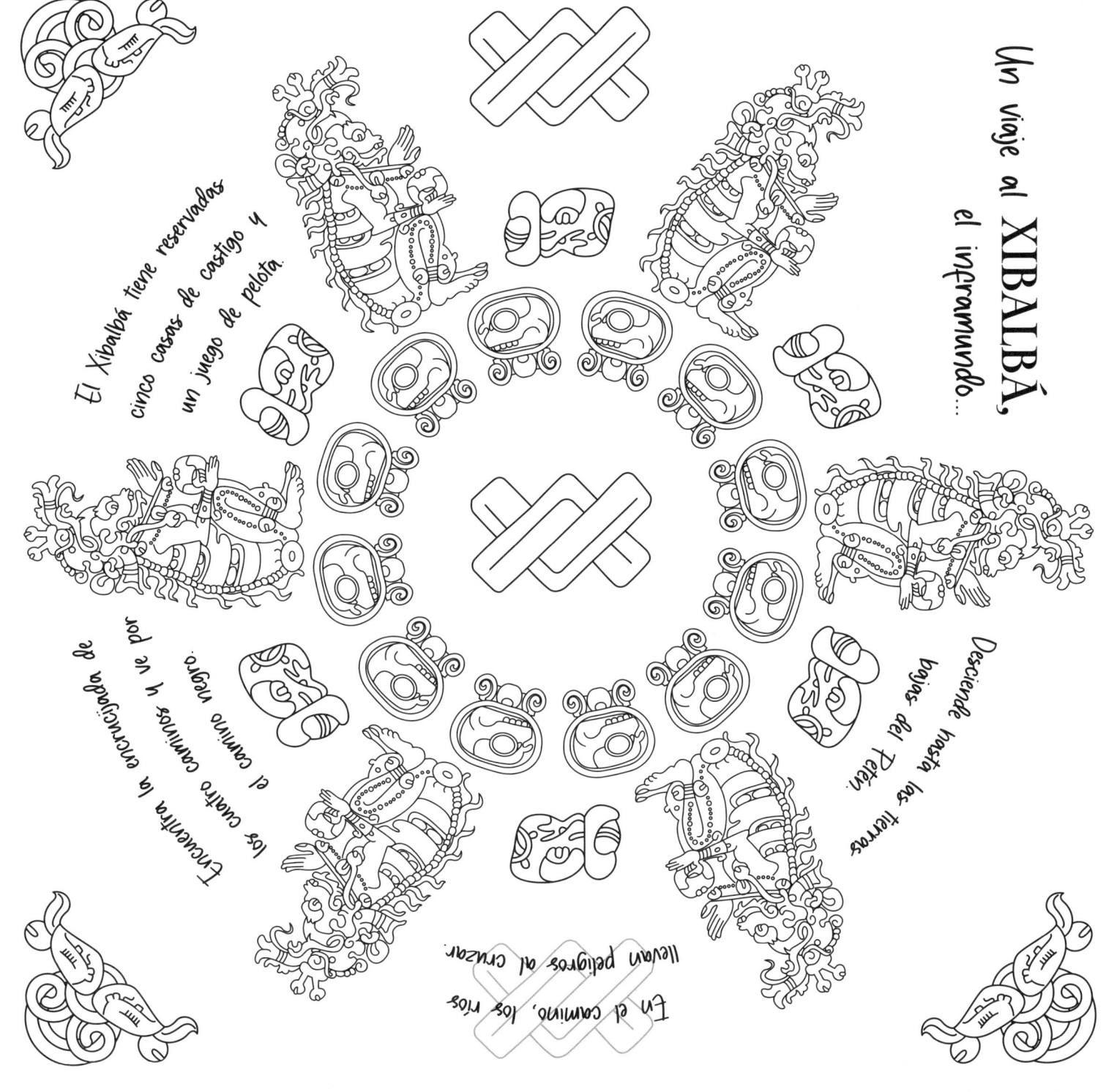

Un viaje al **XIBALBÁ**, el inframundo...

El Xibalbá tiene reservadas cinco casas de castigo y un juego de pelota.

Desciende hasta las tierras bajas del Petén

Encuentra la encrucijada de los cuatro caminos y ve el camino negro.

En el camino, los ríos llevan peligros al cruzar.

NATURALEZA

La naturaleza es toda corazón. Palpita y se comunica con el hombre. Cielo-tierra.
Árbol-piedra. El mundo está dotado
de entidades espirituales
que dialogan, coexisten y se necesitan. El hombre y la naturaleza necesitan
uno del otro y no pueden separarse.

LA CEIBA

"Primer Árbol del alimento" (YAX IMIX CHE)

Sustancia roja y blanca. Fuente de vida.

muertos, corre el linaje más antiguo.

El primer árbol del mundo.

En sus raíces, morada de los

AXIS MUNDI. Su base es nuestra tierra y en su copa habita el quetzal sagrado, ITZAMNÁ.

Sus ramas, hogar de dioses, cargan con todo lo que es y lo que ha sido.

LAS AVES

Las pájaros son metáforas del espíritu. El alma que se desprende y se eleva hacia el firmamento. Expresan ideas, ritos y lugares.

Los ojos del búho, el pico de la guacamaya, las alas del quetzal que envuelven una cabeza de serpiente. Una pluma pintada con signo encontrada al azar en una tumba antigua.

Patrono de las escrituras y las artes, guarda la sabiduría divina. ¡Juguetón, glotón y agudo, el mono tiene una vida fácil que le permite acercarse a la danza, la música y las artes.

EL MONO (*maax*)

Su cercanía con el hombre lo hace mensajero de los designios de los dioses a través de la escritura.

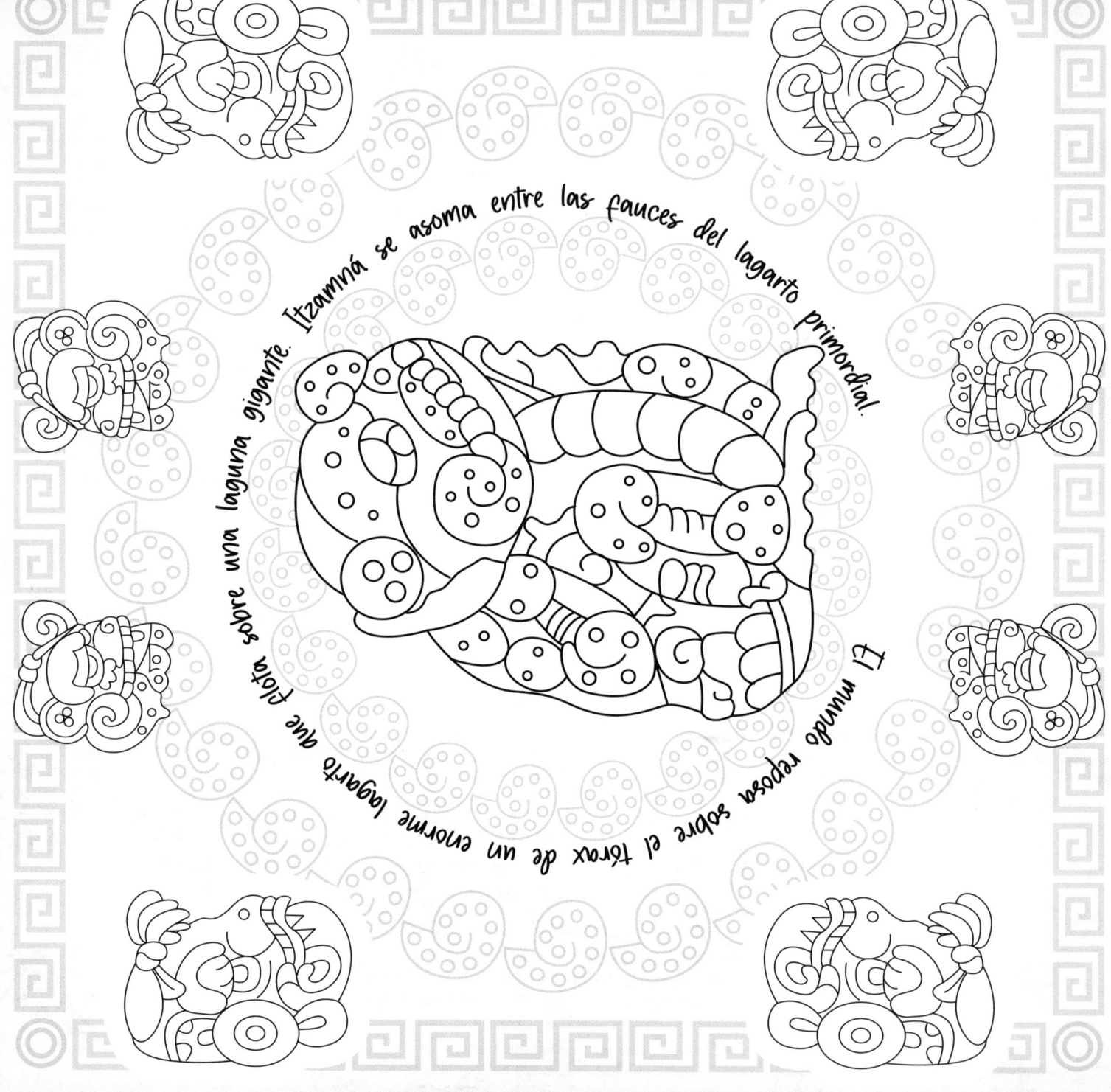

Itzamná se asoma entre las fauces del lagarto primordial. El mundo reposa sobre el tórax de un enorme lagarto que flota sobre una laguna gigante.

17

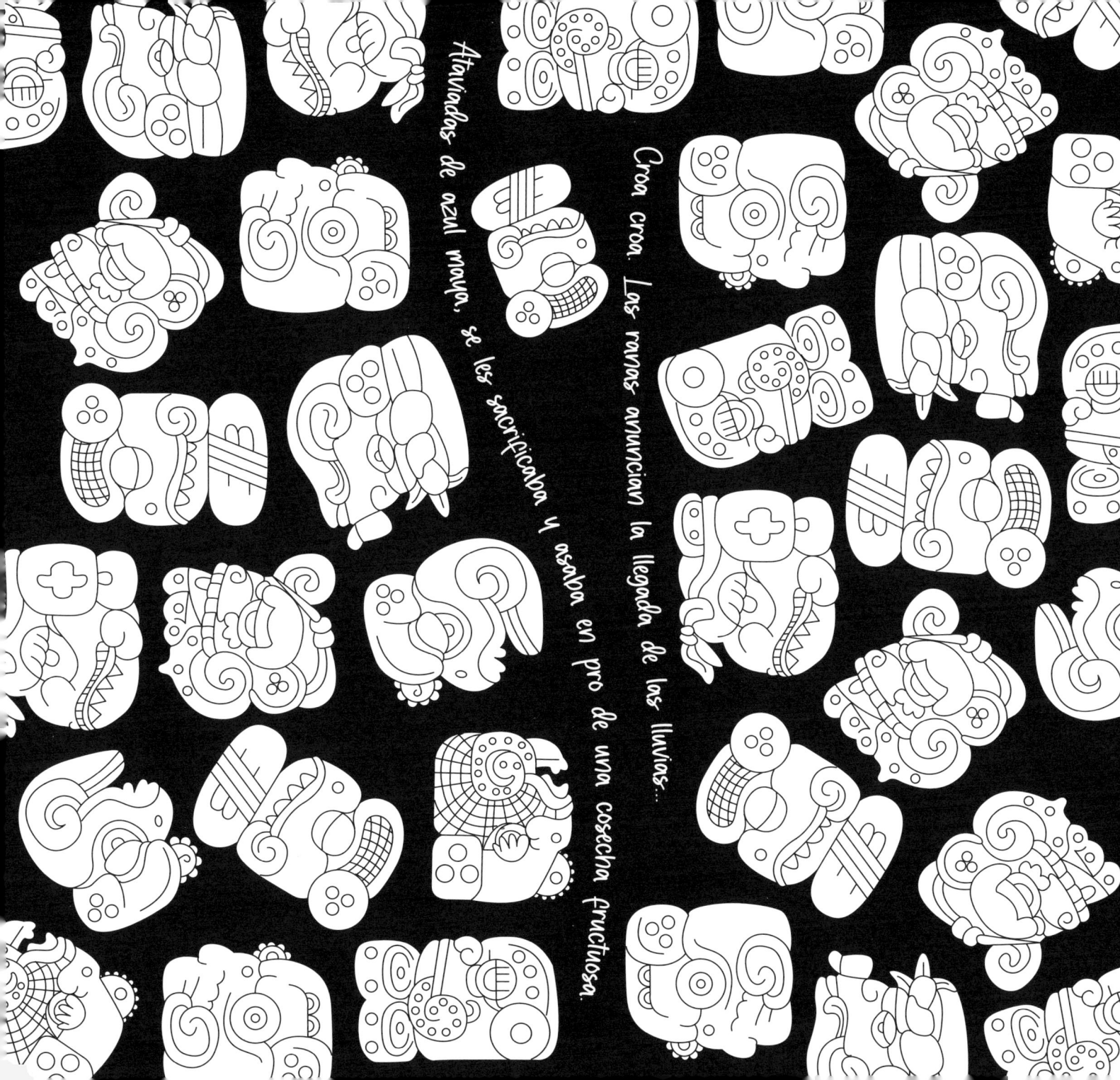

Ataviándolos de azul maya, se les sacrificaba y asaba en pro de una cosecha fructuosa.

Croa croa. Las ranas anuncian la llegada de las lluvias...

El cuerpo de la serpiente repta por los cielos llevando entre sus escamas a las estrellas ni al sol.

Su piel tornasol simboliza todo lo que renace y se renueva. Reptar continuo y circular de la existencia.

en la parte oscura del universo.

energías del inframundo y reina

Su piel manchada es el cielo nocturno con sus astros. Porta las

El jaguar

Simboliza fuerza y poder. Los reyes buscan sus características felinas y atavían sus cuerpos con sus pieles, huesos y colmillos.

El perro K'IK'BIL PEK o PEK'.

Guía el camino del hombre en la tierra y su espíritu en XIBALBÁ.

Su corazón puro reemplaza al de su amo en sacrificio. Duerme el perro con el nombre durante la eternidad.

Energía vital: sangre, fuego, agua.

Un ritual restablece el orden cósmico.

Los hombres sirven a los dioses.

RITUALES

Vida que se derrama para crear otra vida.

Homenaje a lo que ha sido,

agradecimiento por lo que será.

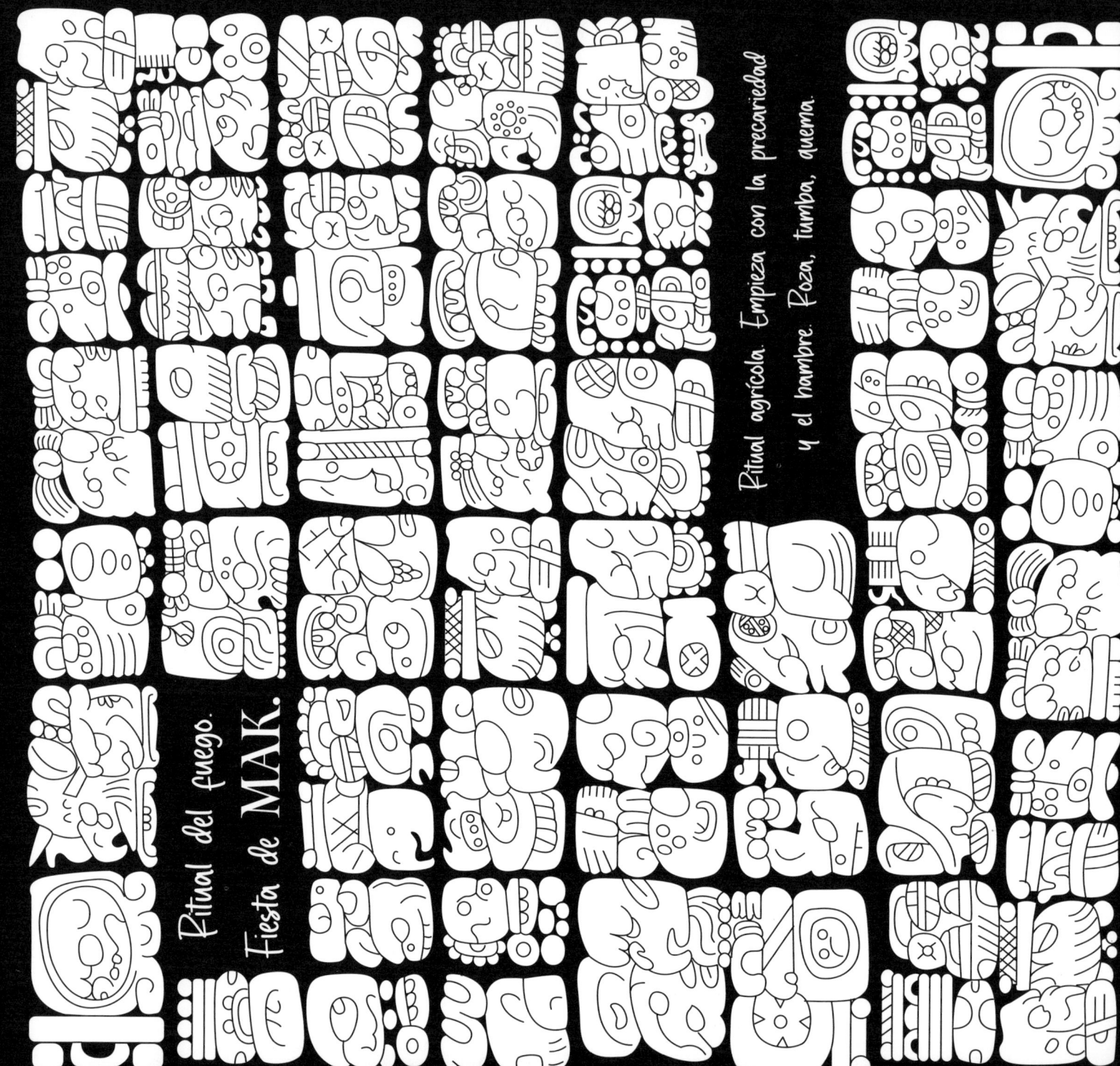

Ritual del fuego.
Fiesta de MAK.

Ritual agrícola. Empieza con la precariedad
y el hambre. Roza, tumba, quema.

Corazones de copal y animales silvestres se ofrendan al fuego para invocar a las fuerzas fecundantes de la tierra y del cielo. Cantaros de agua apagan el fuego. Después, montaña de todo y copal. Diálogo con los dioses de la lluvia para hacer crecer las milpas.

De sus cuerpos nace un árbol, y del árbol una calabaza. Una mujer toca el árbol.

JUEGO DE PELOTA

Dos hermanos juegan a la pelota a las puertas del inframundo y enfurecen a los señores de la muerte.

El campo de juego es
el marco celeste donde sucede
la batalla épica de dos
fuerzas opuestas que sostienen
el ciclo de la vida.

PAKAL y la reina roja, máscaras y adornos mortuorios

Máscara-retrato. Prolongación del rostro.
Contenedor del aliento (**WAY**). Extensión del
individuo.

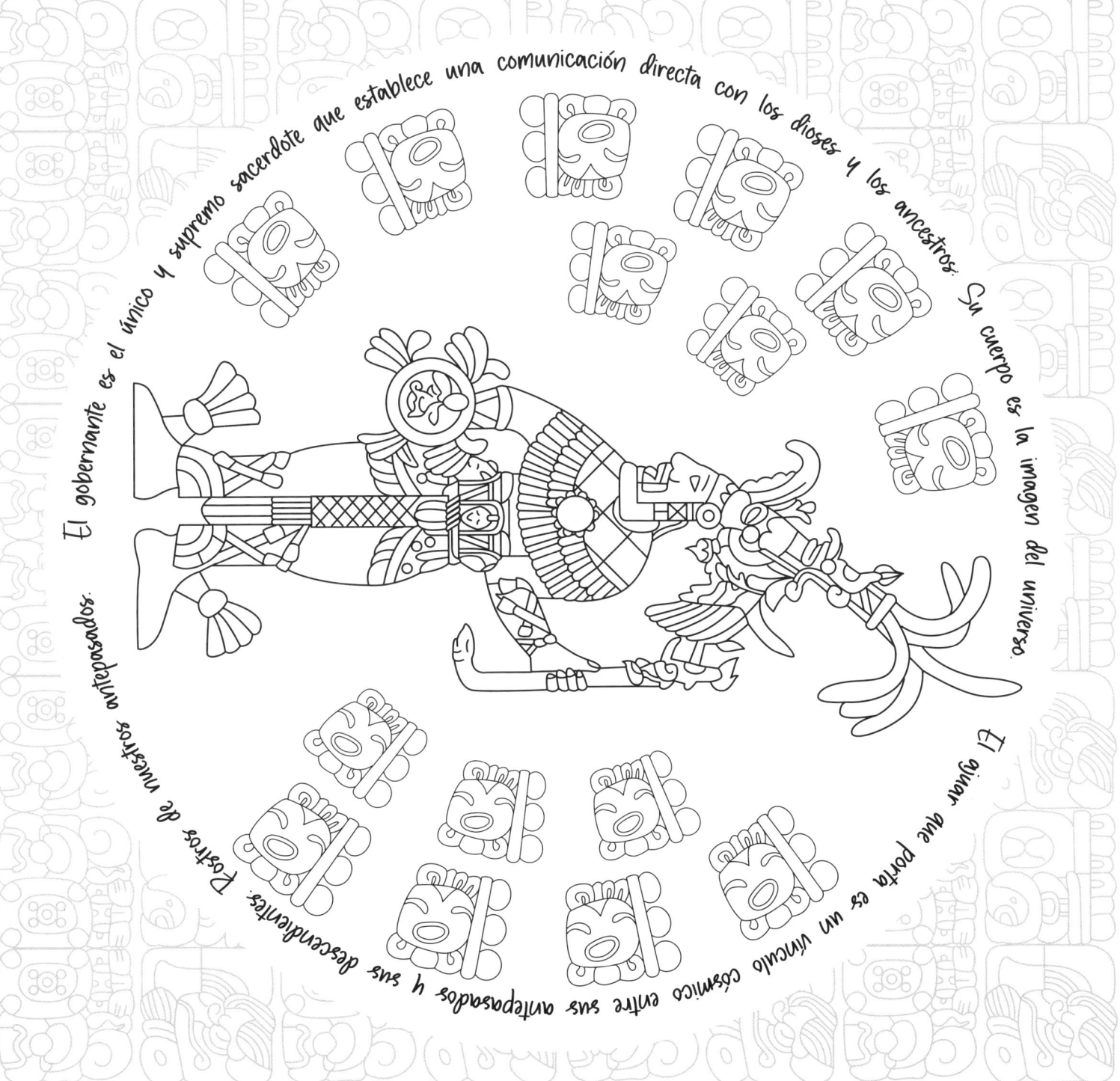

El gobernante es el único y supremo sacerdote que establece una comunicación directa con los dioses y los ancestros. Su cuerpo es la imagen del universo. El ajuar que porta es un vínculo cósmico entre sus antepasados y sus descendientes. Rostros de nuestros antepasados.

Grano sagrado que sirve de moneda de cambio. Bebida ardiente y alucinante. "Corazón de sangre =" El cacao.

Especia ceremonial, utilizada en rituales de vivos y muertos, el cacao es placer de hombres y dioses.

sólo un reflejo de los males que atañen a la tierra. Enfermedad, plaga, vejez, tragedia.

casas resguardadas por doce señores de la muerte. Aquí no hay castigo,

El Xibalbá es el inframundo. Tenebroso y oscuro. Ríos de sangre que conducen a seis

XIBALBÁ

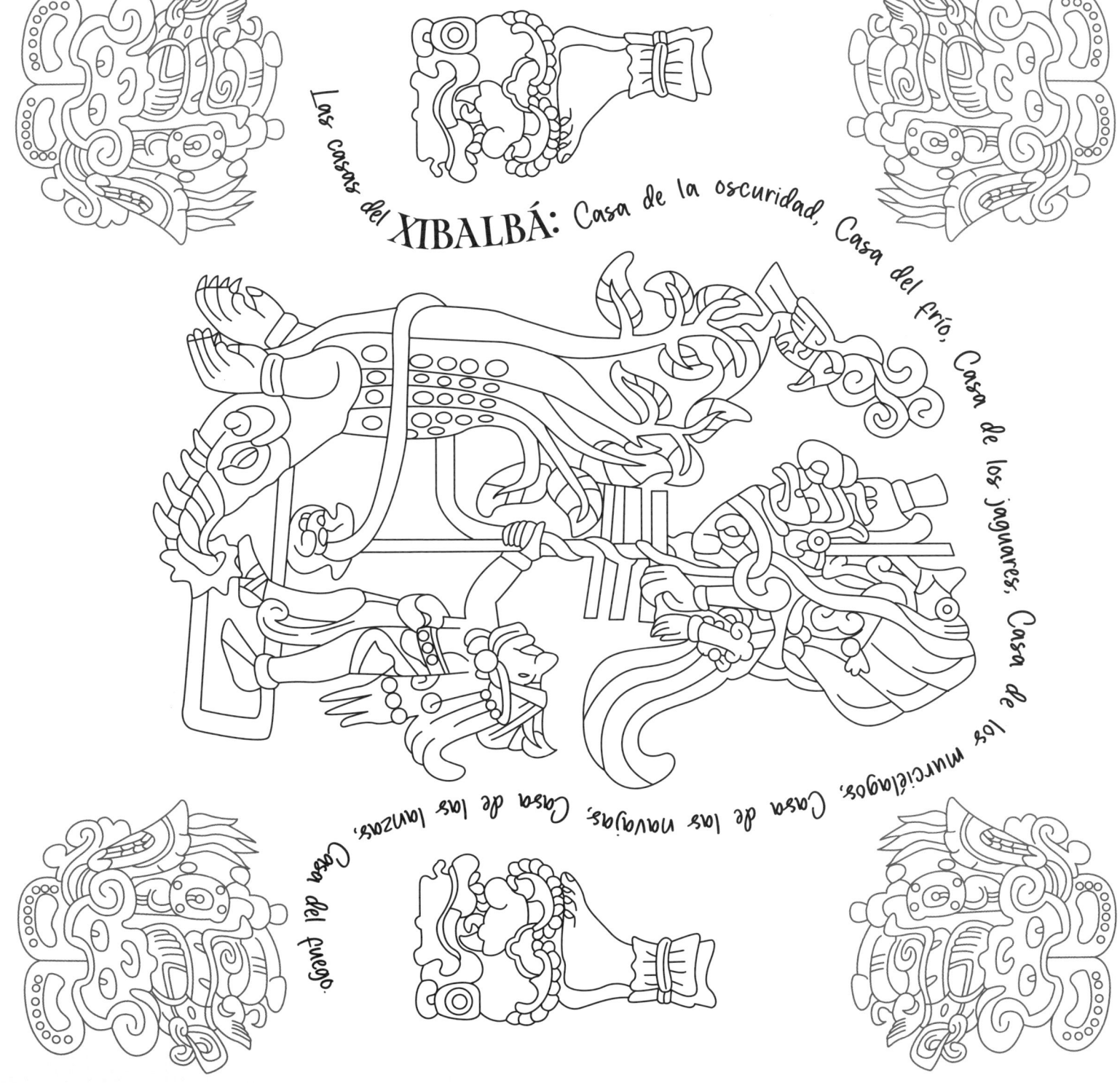

Las casas del **XIBALBÁ**: Casa de la oscuridad, Casa del frío, Casa de los jaguares, Casa de los murciélagos, Casa de las navajas, Casa de las lanzas, Casa del fuego.

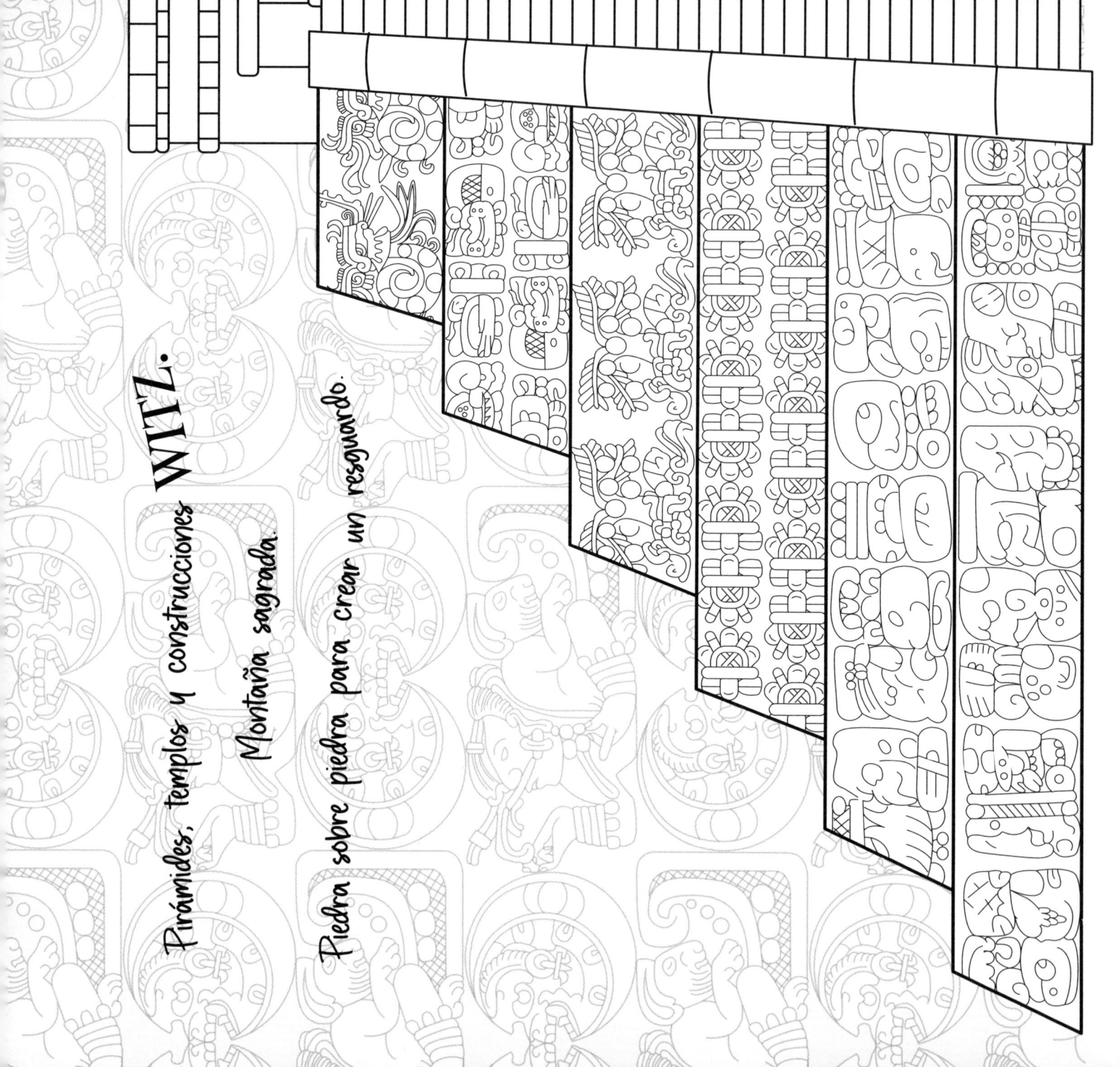

WITZ.

Pirámides, templos y construcciones

Montaña sagrada.

Piedra sobre piedra para crear un resguardo.

Centro del poder.

Artificios que crean la escalera solar

que se eleva sobre el centro del mundo.

El corazón, **OHL,** tiene mente, memoria y voluntad.

BALAM PAKAL, mirar el cosmos de reojo y aprender de él.

WAHY que regula lo material y lo espiritual.

SABIDURÍA

El hombre caza los secretos que la naturaleza ha resguardado
para traer con ellos la felicidad que los dioses han jurado.
La naturaleza del hombre es la naturaleza del mundo.

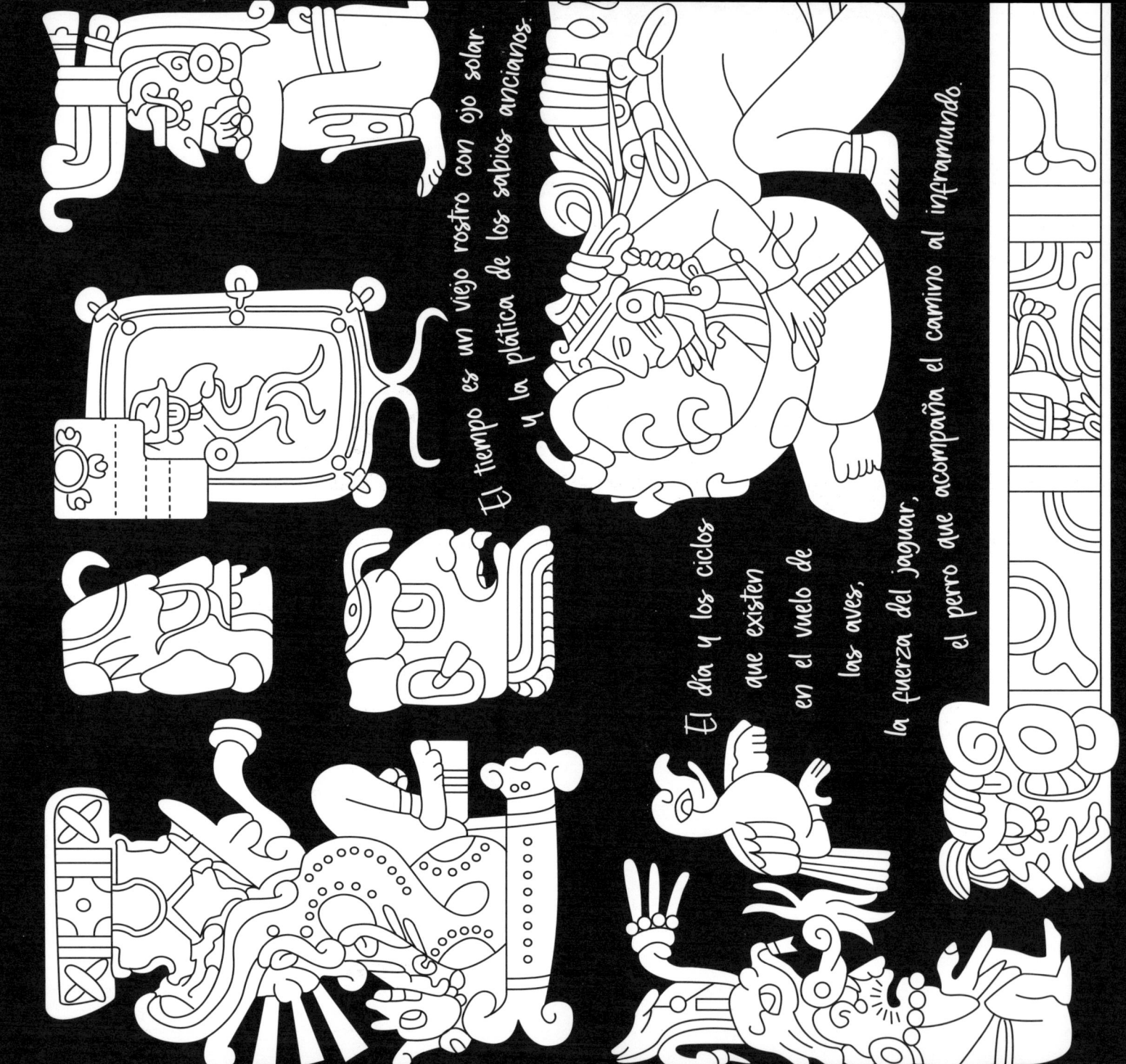

El tiempo es un viejo rostro con ojo solar,
y la plática de los sabios ancianos.

El día y los ciclos
que existen
en el vuelo de
las aves,
la fuerza del jaguar,
el perro que acompaña el camino al inframundo.

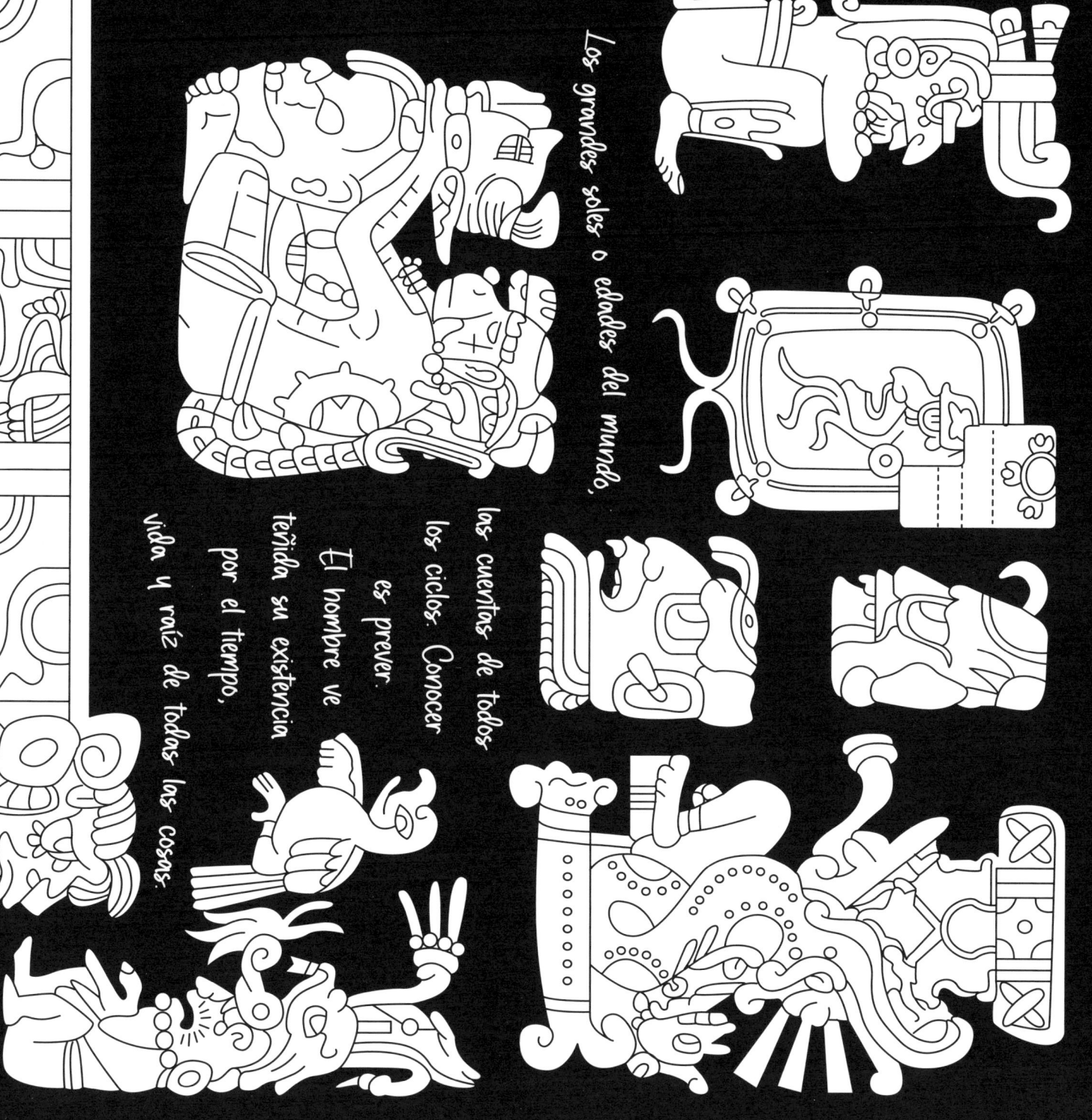

Los grandes soles o edades del mundo,
los cuentas de todos los ciclos. Conocer es prever. El hombre ve teñida su existencia por el tiempo, vida y raíz de todas las cosas.

HAAB.

Rostro de todo lo bueno y malo que actúa sin interrupción.

KINES, son seres vivientes.

Los días,

Dieciocho meses, veinte días y un **WAYEB** sagrado. **TZOLK'IN** nueve ciclos lunares, 260 **KINES**. El ciclo temporal del mundo es la unión de **HAAB** y **TZOLK'IN**.

La escritura maya es danza y pintura, evocación, paisajes, estaciones, miedos.

LA ESCRITURA

Se rige por el orden de la naturaleza y los astros. Repetición y certeza de lo importante. La escritura es la lucha contra el olvido.

LOS NÚMEROS

Tres símbolos para representar todos los números: Concha, círculo, línea.

El vacío, la unidad y el conjunto. La primera civilización en entender que la nada ocupa también un lugar en el espacio.

HUYUB TACAH y "montaña-valle"

Estructura del universo

El cuerpo del hombre es el cuerpo del mundo. El mundo es una

El cuerpo del hombre es el cuerpo del mundo.

en el conviven todas las plantas, todos las rocas, todos los animales y todos los hombres. Los hombres cuidan al mundo con ayuda de los dioses.

Azul, rojo, blanco, negro y amarillo que se cantan a voces en los pueblos y quedan grabados en los templos.

Piedras, códices, vasijas y paredes. La letra hecha de piedra y tinturas.

Poesía

Viento y percusión. Cascabeles, caracolas, caparazones y corazas.

La música era para los dioses y los rituales. Imitación de sonidos, voces divinas,

ecos que resuenan en las pirámides al chasquear para escuchar,

aún en nuestro tiempo, el canto sagrado del quetzal.

Bibliografía

Barois, Ramzy R. y Tokovinine, Alexandre, "El inframundo y el mundo celestial en el juego de pelota maya" en XVIII Simposio de Investigaciones Arqueológicas en Guatemala, Guatemala, 2004, pp. 27-38.

Cajas, Antonieta. Las aves de los mayas prehispánicos. Asociación FLAAR Mesoamérica, 2010.

De la Garza, Mercedes, Aves sagradas de los mayas, UNAM, 1995.

De la Garza, Mercedes, El legado escrito de los mayas, Breviarios de FCE, 2012.

León-Portilla, Miguel, Tiempo y realidad en el pensamiento maya, Ensayo de acercamiento, UNAM, 2003.

Kurnick, Sarah y David Rogoff, Los monos y los antiguos mayas, Proyecto Arqueológico Punta Laguna, Informe Parcial de La Temporada, 2019, pp. 8-80.

Morales Damián, M.A, Dioses sembradores en el Códice Madrid, Revista Xihmai XII, 24, 2017, pp. 27-48.

Nájera Coronado, Martha Ilia, El mono y el cacao: la búsqueda de un mito a través de los relieves del Grupo de la Serie Inicial de Chichén Itzá, Estudios de cultura maya, 39, 2012, pp. 133-172.

Rivera Dorado M., Asensio Ramos P., y Martín Díaz A. M., Pajaritos y pajarracos: personajes y símbolos de la cosmología Maya, Revista Española de Antropología Americana, 34, 2004, pp. 7-28.

Ruz Lhuillier, Alberto, Los antiguos mayas, FCE, 2017.

Staines Cicero, Leticia, "Las aves mayas continúan su vuelo. Xuelén, su cielo de siempre" Ciencias, núm. 34, abril-junio, 1994, pp. 12-16.

Schele, Linda y Ayala, Maricela, "De poesía e historia. El tablero de los glifos de Palenque", Vuelta, XVII, 203, octubre, 1993.

Valencia Rivera, Rogelio, "El tiempo vuela: el uso de aves y otros animales para representar las unidades de tiempo de la cuenta larga maya" Journal de La Société Des Américanistes, 2017, pp. 399-428.

Códice Dresde

Códice Madrid

Códice París

Justin Kerr, The Kerr Collections

Popol Vuh, Las antiguas historias del Quiché. Traducidas del texto original con introducción y notas por Adrián Recinos, Fondo de Cultura Económica, México, 1947.

Tablero del Templo de la Cruz de Palenque

Tablero de los 96 glifos

Edición original

Dirección editorial
Tomás García Cerezo

Gerencia editorial
Jorge Ramírez Chávez

Coordinación editorial
Graciela Iniestra Ramírez

Edición
Daniela Rico Straffon

Redacción
Gabriela Ardila Chausse

Ilustración
María de Lourdes Guzmán Muñoz

Diseño y formación
Julio Alejandro Serrano Calzado

Diseño de portada
Nice Montaño Kunze

Revisión técnica
Pablo Alberto Mumary Farto
Doctor en Estudios Mesoamericanos
Investigador en el Centro de Estudios Mayas del Instituto
de Investigaciones Filológicas de la UNAM

Coordinación de salida
Jesús Salas Pérez

Edición española

Dirección editorial
Jordi Induráin Pons

Edición
Emili López Tossas

Adaptación de interiores
Marc Escarmís Arasa

Adaptación de cubierta
José María Díaz de Mendívil Pérez

© Ediciones Larousse, S.A. de C.V. (México), 2022
© Larousse Editorial, 2024
Bac de Roda, 64, 1.º planta, local B, 08019 Barcelona
www.larousse.es - clientes@grupoanaya.com

Primera edición: mayo 2024
ISBN: 978-84-10124-39-4
Depósito legal: B-4959-2024
1E11

PAPEL DE FIBRA CERTIFICADA